BEI GRIN MACHT SICH IHR WISSEN BEZAHLT

- Wir veröffentlichen Ihre Hausarbeit,
  Bachelor- und Masterarbeit

- Ihr eigenes eBook und Buch -
  weltweit in allen wichtigen Shops

- Verdienen Sie an jedem Verkauf

Jetzt bei www.GRIN.com hochladen und kostenlos publizieren

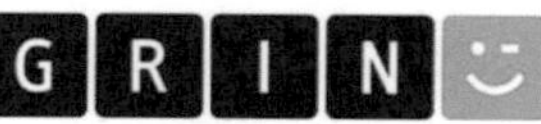

Manuela C. Müller

Velázquez "Las Meninas"

Eine Kompositionsanalyse

GRIN Verlag

Bibliografische Information der Deutschen Nationalbibliothek:

Die Deutsche Bibliothek verzeichnet diese Publikation in der Deutschen National-
bibliografie; detaillierte bibliografische Daten sind im Internet über http://dnb.d-
nb.de/ abrufbar.

Impressum:

Copyright © 2008 GRIN Verlag GmbH
Druck und Bindung: Books on Demand GmbH, Norderstedt Germany
ISBN: 978-3-640-76613-0

Dieses Buch bei GRIN:

http://www.grin.com/de/e-book/162065/velazquez-las-meninas

Velázquez „Las Meninas"

Eine Kompositionsanalyse

vorgelegt von:

Manuela Müller

2008

Selbst bei einer thematischen Einschränkung wie der hier gegebenen Begrenzung auf die Komposition des Bildes ist es schwer, einen Anfang zu finden um ein Bild zu analysieren, das schon mehrfach als *das Bild* der Bilder beschrieben wurde. Somit findet sich im Ausdruck der Sprache ein Phänomen, das zuvor von den Augen gemacht wurde: Betrachtet man „Las Meninas" von Velázquez, erscheint es einem immer wieder wie das erste Mal, so vielschichtig, so facettenreich und so reich an Eindrücken ist es. Wie bei einem Puzzle hat man den Eindruck, stets Neues zu entdecken.

Wohin möchte der Maler unsere Aufmerksamkeit lenken? Auf die Infantin, scheinbar im Mittelpunkt hervorragend? Auf den Hofmarschall im Lichtpunkt der geöffneten Türe im Hintergrund? Oder auf sich, den malenden Nebendarsteller im Dunkeln?

Erst nach diesen Überlegungen wirkt der Bezug von Titel zu Darstellung seltsam – „Las Meninas", die Hofdamen. Für den damit nicht vertrauten Betrachter stellt sich sogleich die Frage, bei welchen der abgebildeten Personen es sich um die benannten Hofdamen handelt.

Letztendlich hält eines jeden Blickes dem Spiegel nicht lange Stand – ist es überhaupt ein Spiegel? Oder nur ein Bild, wie die anderen an der Wand hängenden? Aber wenn es ebenso nur ein weiteres Gemälde wäre, warum verschwindet es nicht im Dunkel, wie die anderen, sondern scheint das Licht der Fenster zu reflektieren? Falls es ein Spiegel ist, was spiegelt sich darin? Die Leinwand, an der Velàzquez gerade malt oder die Personen, die für Velazquez Modell stehen? Zeigt es damit nicht eigentlich uns, die Betrachter, die wir demnach auf der Position der Modelle stehen müssten[1]?

Diese Anhäufung von Fragen, in der eine die nächste ergibt, zeigt wohl deutlich die Vielfalt des Bildes – nicht nur von analytischer Perspektive sondern auch rein von

---

[1] Vgl. Searle S. 171

den Eindrücken, die es dem Betrachter unwillkürlich vermittelt. Daher ist es eigentlich unmöglich, strikt nur auf eine Facette, in diesem Falle die Komposition, einzugehen.

Kurze und allgemeine Beschreibung des Bildes

Das fast quadratische Bild misst 318 x 276 cm und entstand 1656. „Seit 1819 befindet es sich im Prado in Madrid"[2], jedoch erst seit 1843 unter dem nun bekannten Titel („bis dahin war die Bezeichnung „*La Familia*" oder „*La Familia di Felipe IV*"[3]).

Die einzigen weiteren sicheren Daten sind die Namen der dargestellten Personen die auf die Quelle Palominos zurückgehen. So wissen wir heute, dass es sich bei dem dargestellten Raum um ein Zimmer im alten Alcázar[4] handelt, das von Velázquez als Werkstatt benutzt wurde.

Oft wurde das Bild mit Fotografien gleichgesetzt, da es „den Eindruck einer Momentaufnahme (vermittelt); aber dieser Eindruck ist die Wirkung eines kunstvollen Arrangements"[5].

Der Künstler stellt sich selbst, malend vor einer im Bild abgeschnittenen Leinwand, auf der linken Seite dar. Mittig posiert die kleine Infantin Margarita, direkt umgeben von ihren Hofdamen Doña Maria Sarmiento (links) und Isabela de Velasco (rechts). Im hinteren Bereich des Bildes blickt der Hofmarschall Don José Nieto von der Treppe in den Raum. Zwischen ihm und der Gruppe mit der Infantin stehen in Nonnentracht Doña Marcela de Ulloa und ein Hofbeamter, der Guardadamas. Der rechte, angeschnittene Bildvordergrund zeigt Maria Bárbola (oft

---

[2] Auer, S. 5

[3] Auer S. 5

[4] Vgl. Warnke S. 154

[5] Brandt S. 121

auch nur als „die Zwergin“ bezeichnet) und Nicolasito Pertusato, der, ebenso wie der namenlose Hund, der der Unterhaltung diente.[6]

Außerdem im Bild enthalten sind die angeschnittene Leinwand, zwei etwa gleichgroße, querformatige Bilder an der hinteren Wand sowie darunter zwei unterschiedlich große, hochformatige Bilder und eher mittig gehalten der hochformatige Spiegel direkt neben der geöffneten Türe mit Vorhang.

Dem Spiegel kommt nach mehreren analytischen Faktoren eine besondere Bedeutung zu. Wie bereits vermutet, ist dieser Spiegel vielleicht das einzige Indiz dafür, was als Intention dem ganzen Bild zugrunde liegt.

> „In der holländischen Malerei war es Tradition, dass die Spiegel eine reduplizierende Rolle spielten. Sie wiederholten, was im Bild bereits gegeben war, aber in einem irrealen, modifizierten, verkürzten und gekrümmten Raum. [...] Hier wiederholt der Spiegel nichts von dem, was bereits gesagt worden ist. [...] Was in ihm reflektiert wird, ist das, was alle Personen auf der Leinwand gerade fixieren.“[7]

Velázquez hielt sich bezüglich der Farbigkeit eher zurück, erzeugt aber dennoch eine fast fotorealistische Momentaufnahme und weiß das Spiel zwischen Hell und Dunkel gezielt einzusetzen. So springt der Blick des Betrachters zunächst zwischen den vier hellsten Partien im Bild: von der Infantin mit blond glänzendem Haar und hellem Kleid weiter nach hinten zum Hofmarschall im lichtdurchfluteten Treppengang dann etwas nach links zum glänzenden Spiegel neben der Türe und schließlich an den rechten Bildrand und das nur durch ein „Fenster, das kaum angedeutet ist, (und) ein volles und gemischtes Tageslicht frei(setzt)“[8] und damit die Hauptlichtquelle der Szenerie.

---

[6] Auer S. 6 ff

[7] Foucault S. 25 ff

[8] Foucault S.20

<u>**Analyse nach kompositorischen und formalen Kriterien**</u>

Trotz der dezenten Farbgebung und des gezielten und klaren Einsatzes von Hell und Dunkel gestaltet sich die kompositorische Analyse als schwierig. Zwar wurde bereits geklärt, dass es sich um ein fast quadratisches Hochformat handelt, jedoch lässt sich dies bereits nicht als Fakt annehmen. Oft diskutiert wurde die Rolle der im Bild angeschnittenen Leinwand, deren Format nicht geklärt ist, man aber wohl aufgrund der Höhe von einer sehr großen Fläche ausgehen kann.[9] In vielen analytischen Punkten wird *Las Meninas* als Ganzes und zudem als Version ohne die Leinwand im Bild betrachtet. Darauf wird aber später noch vertiefter eingegangen.

Offensichtlich ist es Velázquez' Absicht, primär ein ausgewogenes Gleichgewicht der Personen[10] darzustellen und alle formellen Kriterien danach auszurichten. Dazu baut er die Komposition über Parallelität[11], Linien und geometrische Formen[12] auf. Jede Person bildet dabei eine senkrechte Gerade, die vielen quadratischen Formen (Bilderrahmen, Türrahmen, Leinwand, Spiegel) ergänzen dies und letztendlich stehen sich diese Elemente als Gesamtkonzept parallel gegenüber.

Außerdem lässt sich das Bild vertikal wie horizontal im Goldenen Schnitt aufteilen, wobei dadurch eine horizontale Zweiteilung in einen freien, eher luftigeren Raum (obere Hälfte) und einen mit Personen gefüllten, fast schon gedrungenen Raum (untere Bildhälfte) entsteht[13]. Das durch die Teilung entstehende Linienkreuz hat seinen Schnittpunkt dabei mittig und oberhalb des Spiegels. Die Horizontale liegt nahezu auf oberer Spiegelkante und Türrahmen auf. Die Vertikale verläuft zwischen den beiden an der Wand hängenden Gemälden im Hintergrund und teilt den Spiegel symmetrisch.

---

[9] Kesser S. 143

[10] Vgl. Alpatow S. 109

[11] Vgl. Alpatow S. 105

[12] Vgl. Alpatow S. 109

[13] Vgl. Alpatow S. 109

Ein schwieriges Analysemoment stellt die Diskussion des Bildmittelpunktes dar. Bereits die Rede von *einem* Bildmittelpunkt ist nicht korrekt. Denn je nach Art der Betrachtung gibt es verschiedene Möglichkeiten ein Zentrum zu benennen. Mit einer ersten, oberflächlich betrachteten Untersuchung würde dieser gebildet werden von Spiegel, Tür und dem Kopf der Infantin. Jedoch muss beachtet werden, dass der Infantin eine spezielle Rolle zu Teil wird: Ihre Person ist der eigentliche kompositorische Mittelpunkt, ihr Kopf bildet den perspektivischen Fluchtpunkt. Bildet man um diese Auswahl eine Art Rahmen und wird ihr die gesamte Aufmerksamkeit geschenkt, entsteht dadurch fast ein eigener Bildausschnitt. Allerdings kommt hierbei wieder die Leinwand zu tragen: Betrachtet man das Bild unter Auslassung der das Bild öffnenden Leinwand, verschiebt sich der tatsächliche Mittelpunkt des Geschehens zu Gunsten des Hofmarschalls in der lichterfüllten Tür im Hintergrund.

Der Bildausschnitt an sich wirkt wie zufällig gewählt, wodurch „die Realität sowohl über beide Seiten als auch nach vorn über das Bild hinaus führt, Velázquez die Grenze zwischen *im* und *vor* dem Bild verschleiert"[14]. Dies ist besonders dann von Bedeutung, wenn es um die Position des Betrachters geht bzw. um die allgemeine Diskussion der verschiedenen Standpunktmöglichkeiten. Denn die variable Möglichkeit eines Bildmittelpunktes sowie die vermittelte Illusion von Realität im Bild werden durch eine unterschiedliche Lösung von Standpunkten erzeugt. Bei diesem wohl komplexesten Untersuchungspunkt der kompositorischen Forschung konnte man sich bisher auf drei Standpunkte einigen[15]:

1. Den Standpunkt des Modell stehenden Königspaares (siehe Spiegel)

2. Den Standpunkt des eigentlichen Betrachters vor dem Bild

3. Den Bildmittelachsen mit den heute gültigen Bildmittelpunkt

---

[14] Alpatow S. 96

[15] Vgl. Greub Abb. 3

Trotz der Einigung auf diese Standpunktmöglichkeiten muss eines weiter beachtet werden: Ändert sich der Standpunkt, so „ändert sich die Bedeutung des Ganzen"[16]. Dies bezieht sich dabei nicht nur auf die bereits genannte Problematik der Ermittlung eines Bildmittelpunktes, sondern auch auf die gesamte Betrachtung des Raumes als Bildfläche.

Raum und Fläche

Die Differenzierung zwischen dem dargestellten Raum und der Darstellungsweise auf der begrenzten Fläche, die als Leinwand zur Verfügung steht, bildet einen eigenen analytischen Unterpunkt der Kompositionsuntersuchung. Denn bei *Las Meninas* kann nicht wie üblich schlichtweg von Zentralperspektive gesprochen oder nach klassischen Kriterien untersucht werden; *Las Meninas* bedarf einer eigenständigen, unabhängigen Untersuchung, ohne Vergleiche zu ziehen.

Um den real existenten Raum auf die Bildfläche zu projizieren, baut Velázquez den Raum zunächst mittels einer zentralperspektivischen Konstruktion durch die Raumachsen auf, welche durch das Bodenniveau im Hintergrund, die Deckenmittelachse und die Linie von Zimmerdecke und rechter Wand gebildet werden. Dabei bilden alle im „realen Raum in die Tiefe führenden Horizontalen"[17] einen Schnittpunkt, der wiederum den Fluchtpunkt ergibt. Demnach werden diese Linien bei der Übertragung auf die Bildfläche perspektivisch verkürzt. Was jedoch dann als Raumstruktur wahrgenommen wird, ist schließlich nur „die Illusion des Raumes auf der Fläche"[18]. Denn prinzipiell handelt es sich nicht um eine klassische bzw. typische Zentralperspektive, sondern um ein künstliches Konstrukt, das nur den Schein eines Raumes wahren soll und bewusst über die Konstellation der

---

[16] Alpatow S. 107

[17] Auer S. 31

[18] Auer S. 74

dargestellten Personen, der inszenierten Tiefe und die Wirkung von Hell und Dunkel konstruiert wurde. Dieses Konstrukt ist daher so wichtig, weil es die zentrale Wirkung ausmacht. Selbst auf nicht in das Thema Eingelesene oder nicht intensiv kunstgeschichtlich Interessierte übt dieses Gemälde von Velázquez eine besondere Faszination aus, wegen dieser Wirkung, dieser Illusion, die den Eindruck vermittelt, man wäre als Betrachter selbst Teil des Bildes, man stünde ebenfalls in dem abgebildeten Raum, man könnte die Personen förmlich ansprechen.

Diese Feststellung, dass an sich „weder ein Raumsystem noch ein Flächensystem"[19] dem Gemälde zugrunde liegt, trägt als Basis ihre gezielt verwirrende Wirkung auf den Betrachter. Kurzum soll dieser zum einen von den seitens alles abgebildeten Personen auf ihn gerichteten Blicken angezogen werden, sich im Bild verlieren und letztendlich der Auffassung sein, selbst im Bild zu stehen. Um dies zu unterstützen, tritt die Bildfläche zu Gunsten des Raumes etwas zurück.[20]

Betrachtet man die Raumrekonstruktion nach Auer wird erst deutlich, wie stark die Raumtiefe eigentlich ist. Diese Rekonstruktion war möglich aufgrund von überlieferten Daten und Maßen. Persönlich finde ich die Rekonstruktion der Leinwand im Bild etwas wage, da diesbezüglich keine Quellen vorliegen und es sich nur um eine Idee handelt, wie das Format der Leinwand möglich hätte sein können.

Der Raum wird bereits durch das Gemälde als so tief empfunden, wie ihn die Rekonstruktion letztendlich auch wiedergibt. Auf diese Wirkung scheint Velázquez auch abgezielt zu haben, um, wie bereits diskutiert, dem Betrachter das besondere bis seltsame Gefühl der Zugehörigkeit zur Szenerie zu geben beziehungsweise ihm die Illusion eines realen Raumes zu vermitteln.

---

[19] Auer S. 75

[20] Auer S. 76

<u>**Persönliches Schlußwort**</u>

Wie bereits zu Beginn dieser Arbeit erläutert, kann ein derart komplexes Bild auch unter Betrachtung nur eines Analyseaspekts nicht in Kürze diskutiert werden. *Las Meninas* – ein Gemälde über das eigene Bücher geschrieben wurden – war, ist und bleibt eines der interessantesten Werke in der kunstgeschichtlichen Forschung. Noch sind nicht alle Fragen geklärt und es kann davon ausgegangen werden, dass viele davon nie geklärt werden. So liegt letztendlich neben vielen offiziellen Antworten und bestehenden Fakten der Reiz darin, für sich selbst immer wieder neue Fragen zu formulieren und Antworten nach eigenem ermessen zu finden – Velázquez hat mit seinem einzigartigen Gemälde dafür gesorgt, dass diese Möglichkeit auch noch für viele weitere Generationen bestehen wird.

<u>Literaturnachweis:</u>

Auer, Wolfgang – Michael. Las Meninas von Velázquez – Phänomenologische Untersuchung eines Bildes. Bochum: Abteilung der Geschichtswissenschaft der Ruhr-Universität, 1976.

Brandt, Reinhard. Diego Velázquez: Las Meninas. In: Meisterwerke der Malerei – Von Rogier van der Weyden bis Andy Warhol / Reinhard Brandt (Hrsg). Leipzig: Reclam, 2001, p. 115-140.

Foucault, Michel. Velázquez Las Meninas. Frankfurt am Main: Insel Verlag, 1999.

Greub, Thierry. Las Meninas im Spiegel der Deutungen: Eine Einführung in die Methoden der Kunstgeschichte. Berlin: Dietrich Reimer Verlag, 2001.

Kesser, Caroline. Las Meninas von Velázquez – eine Wirkungs- und Rezeptionsgeschichte. Berlin: Reimer, 1994.

Stratton-Pruitt, Suzanne. Velázquez's Las Meninas. Cambridge: Cambridge University Press, 2003.

Warnke, Martin. Velázquez. Köln: Dumont Verlag, 2005.